Claudio Magris

(Trieste, 1939) ha publicado en Anagrama las obras narrativas *Conjeturas sobre un sable, El Danubio, Otro mar, Microcosmos, A ciegas, Así que Usted comprenderá* y *No ha lugar a proceder*, la pieza teatral *La exposición* y los ensayos *Utopía y desencanto, El infinito viajar, La historia no ha terminado, Alfabetos* y *La literatura es mi venganza* (con Mario Vargas Llosa).

El secreto y no

¿Qué es un secreto? ¿Cuál es su función? ¿Cómo se protege? ¿Cómo se traiciona? Claudio Magris indaga en el secreto como arma de poder, instrumento de la religión, elemento del ámbito íntimo y también –a través de la obra de Norman Manea, Javier Marías e Isaac B. Singer– como mecanismo clave de la literatura. Asoman en estas páginas los espías, los misterios de Eleusis, el secreto de confesión, algunos crímenes políticos...

El secreto
y no

Claudio Magris
El secreto y no

Traducción
Pilar González Rodríguez

editorial anagrama

Título de la edición original:
Segreti e no
Bompiani/RCS Libri S.p.A.
Milán, 2014

Primera edición: octubre 2017

Diseño de la colección: lookatcia.com

© De la traducción, Pilar González Rodríguez, 2017

© Claudio Magris, 2014

© EDITORIAL ANAGRAMA, S. A., 2017
    Pedró de la Creu, 58
    08034 Barcelona

ISBN: 978-84-339-1612-9
Depósito Legal: B. 18380-2017

Printed in Spain

Reinbook serveis gràfics, sl, Passeig Sanllehy, 23
08213 Polinyà

1

Uno de mis primos, diez años más joven que yo, deseaba ardientemente de niño que le regalasen una placa de agente secreto. Ser agente secreto era lo que más anhelaba, y en esto se parecía no solo a muchos otros niños, sino también a los adultos. Quizá no haya nada que despierte más la vanidad –incluso en el sentido más noble y doloroso del término, en el deseo universal de ser alguien único e irrepetible, que no se agota en las apariencias y en las actividades externas sino que tiene un significado profundo, tanto más profundo cuanto más difícil es de percibir– que la idea no tanto de tener secretos como de ser, de algún modo, secreto. Pero para satisfacer esta vanidad hay que reconocerla, debe ser conocida por todos, como la cara de un actor famoso.

No se trata solo de la fantasía adolescente que aparece, más o menos, en cada uno de nosotros, la que hace soñar con arriesgadas y misteriosas actividades ocultas o prohibidas, que seduce con la idea de poseer una identidad secreta, doble, y por tanto más rica y compleja. Ser secreto para los demás duele y al tiempo conforta. Duele, porque existe siempre el sentimiento de ser incomprendidos, incluso –y este es el elemento más doloroso– de serlo por las personas cercanas y amadas. Conforta, porque ayuda a atravesar la soledad de la existencia y a resistir la incomprensión ajena gracias al sentimiento de poseer una verdad oculta, de no ser solo lo que les parecemos a los demás; conforta con la idea de una irreductible peculiaridad que los otros no pueden conocer porque no podrían comprenderla.

De este modo, la soledad se aferra a la consoladora idea de poseer un alma superior o al menos tan profunda que no puede ser comprendida a fondo por los demás. Gusta sentirse, ante la puerta del palacio real de la vida, como un rey disfrazado de mendigo, que no puede entrar en el palacio porque nadie sabe que él o ella es un rey; quizá se sufre menos por esta exclusión porque se sabe que se es un rey y el desprecio o la indiferencia de los otros se compensa con este sentimiento de superioridad. Tampoco sufre el espía por el disfraz que necesita para ser espía; en el fondo, hacer de espía es otro de los sueños más comunes y extendidos. No tanto hacer de espía sino ser espía, como los héroes de las novelas negras o de espionaje. Quizá en el fondo, al menos en parte, todos seamos espías, guardianes de un secreto, aunque no sea otro que el de nuestra identidad más profunda. Tan secreta que nosotros mismos la desconocemos.

El secreto invita a ser guardado pero también a ser violado, dos impulsos contradictorios y a menudo entrelazados ambiguamente. Hace unas semanas, en las «Assises Internationales du Roman» de Lyon, Claude Sulzer afirmaba que toda novela, o casi, contiene un secreto, algo que, para merecer ese nombre, tiene que mantenerse escondido y callado tenazmente. Incluso veía en la revelación del secreto una de las estructuras profundas de la narrativa; la narrativa tiene esta exigencia –añadía– porque en literatura la niebla y la confusión deben aclararse, mientras que la vida es menos dada a explicarse. Afirmación discutible porque mucha gran literatura consiste, en su estructura misma, en el incremento de la oscuridad y no en su clarificación. Quizá era más convincente, en aquel diálogo de Lyon, David Vann, que replicaba afirmando que la gran diferencia entre la novela y el blog, diferencia que convierte a este último en algo infinitamente menos interesante, es el hecho de que el blog carece de sobrentendidos, de sentidos ocultos, de secreto.

2

Guardar el secreto. El secreto y su custodia son un elemento fundamental de la potencia, del poder. *Arcana Imperii,* consignados según la tradición desde Augusto a Tiberio. A juicio de algunos, la palabra *Imperii* es un añadido posterior, de la Edad Media, mientras que el texto se habría llamado en su origen solo *Arcana.* Quizá para no especificar o, mejor dicho, para no limitar a la esfera política el rol, la necesidad y el mecanismo del secreto,

sino para hacer de él una clave universal, misteriosa porque no está limitada
a una esfera específica, ni siquiera a la
más alta y, por tanto, más potente. Se
trata, por supuesto, de la misma cosa,
es decir, de la afirmación y del ejercicio de un poder, que precisamente
para ser más fuerte no solo se reviste
de secreto sino que extiende el secreto, el arcano, a la realidad y a la vida
entera.

Los grandes déspotas, los tiranos to-
talitarios –en cuanto ostentadores de
un poder que abarca la esfera entera
de la existencia, la totalidad–, se muestran siempre envueltos en un sombrío
halo de misterio, de arcano, de secreto.
Para el poder, y más aún para el totali-
tario, todo es secreto: cualquier ciuda-
dano es sospechoso de desarrollar
quién sabe qué actividades secretas y
el poder que lo investiga también debe
ser secreto. Cuando Goldstücker –el

gran crítico de Kafka, militante comunista en los años terribles y después embajador de la República Popular Checoslovaca– fue sacado de la cama y arrestado durante la noche por la policía secreta comunista y preguntó de qué se le acusaba, un esbirro le propinó una bofetada diciéndole que él ya lo sabía y que tenía que confesar sus culpas secretas. Algo que se desea indefinible, porque, si fuese definible, sería también limitado. La figura por excelencia del déspota envuelto en el secreto es la de Stalin, que quizá por eso parece infundir, en el imaginario, más terror que otras figuras no menos sanguinarias, como la de Hitler.

El poder necesita siempre el secreto; no hay Estado, por liberal y democrático que sea, que no tenga servicios secretos, y las operaciones de estos, ciertamente muy diversas en los diversos contextos estatales y en las diversas situaciones históricas, están siempre envueltas en un aura tenebrosa en la que la lucha con el mal se confunde, en el imaginario pero a menudo también en la realidad, con el propio mal. El secreto político es, tal vez, el que demuestra más que ningún otro la naturaleza de poder innata en el secreto mismo, en todo secreto, y también sus licencias con respecto a las leyes de la moral. El guardián del secreto (o el descubridor del secreto del enemigo) ignora cuando actúa las normas morales y persigue, con total indiferencia hacia los medios, el fin que justifica toda operación, sea la defensa o la cancelación del secreto o bien su descubrimiento y ostentación, si se trata del secreto del enemigo.

El secreto es una de las prerrogativas esenciales del poder. Esconder, cubrir, borrar, hacer desaparecer la verdad. En Trieste, durante la ocupación nazi, estaba el único, aunque pequeño, horno crematorio de Italia, en la Risiera –un viejo edificio usado en el pasado para procesar el arroz–, desde donde partisanos italianos y eslovenos, soldados y sobre todo judíos eran enviados a los campos de exterminio de Alemania o bien quemados en un rudimentario y tosco pero siempre eficiente horno crematorio. Muy poco tiempo después de la liberación, las paredes se encalaron, borrándose de este modo nombres y mensajes escritos por los condenados que quizá contenían nombres, revelaciones, indicaciones de complicidad, responsabilidad, colaboración en el exterminio. Algo que podía implicar, parcialmente, a la buena sociedad triestina y, por tanto, al sistema de poder; algo que, por tanto, había que mantener en secreto. Los angloamericanos, que asumieron el gobierno de la ciudad y lo mantuvieron durante nueve años, clasificaron de inmediato muchos documentos concernientes a la Risiera y se los llevaron en 1954, cuando cesó su administración. Estos documentos se encuentran todavía, no consultables, en archivos ingleses, mientras que algunos de los verdugos y torturadores de la Risiera recibieron con sorprendente facilidad el visado para emigrar a Estados Unidos.

La vida política está constelada de secretos, de misterios sangrientos cuya verdad se oculta y confunde con una eficiencia desconocida en casi todas las demás actividades humanas. La verdad sobre los misterios delictivos de la vida pública, sobre los secretos repletos de lágrimas y sangre, se conoce solo cuando su conocimiento no tiene importancia alguna en la lucha política, cuando no puede ser usada en la lucha política. Cuando ya no tiene ningún efecto. El secreto se desvela cuando se convierte en inofensivo, como un adulterio que sale a la luz cuando el matrimonio está ya roto por otras razones. Los secretos sobre el asesinato de Kennedy, sobre muchas masacres que ensangrentaron Italia en los años setenta, sobre Ustica y otros asuntos, saldrán a la luz cuando, al menos en lo referente al ejercicio del poder, ya no tenga importancia conocer la verdad de estos. Todavía hoy, saber si Jesús fue procesado por los romanos o por los judíos podría tener consecuencias políticas y por eso aún no se sabe con certeza.

Para la custodia del secreto no bastan el laberinto de falsas pistas políticas, la destrucción del material, la falsificación. Es necesario un interdicto sagrado; una prohibición de acceso para los que no *deben* conocer el secreto. Es necesario que el secreto, sea el que sea, se convierta en lo Sagrado, lo Inefable y lo Incognoscible; una verdad superior accesible solo a los iniciados, a quien está autorizado por una misteriosa y divina autoridad superior para conocerlo y para impedir que el vulgo lo conozca. Es necesario que el secreto se vuelva Misterio, voluntad y experiencia divina accesible solo a quien tiene un mandato religioso para conocerla y custodiarla. Lo esencial de todos los cultos mistéricos es el secreto del ritual; *mysterion* deriva del griego *myein*, «cerrar los ojos y los labios»; esto se le concede solo a los *mystoi*, los iniciados, introducidos en los cultos por los *mystagoi*, los guías. En este sentido, el secreto tiene que ver con la muerte, como resulta evidente a partir de casi todos los cultos mistéricos y, en particular, de los más importantes, como los misterios eleusinos, custodios del secreto de la vida y de la muerte, de la vida que muere y renace, de los granos de la granada sagrada, que ligan para siempre al reino de los muertos, y del grano de trigo, es decir, de la vida, que muere para renacer.

3

Culto de la fertilidad, inmortalidad del alma, ascenso espiritual: lo esencial de la vida permanece envuelto en el secreto, y quien lo controla y puede velarlo o desvelarlo –por medio de un ritual preciso, establecido desde arriba y rigurosamente progresivo– ostenta el poder supremo sobre los hombres y sobre sus propios pensamientos. No es casualidad que el culto de Eleusis estuviera dirigido por dos familias que poseían hereditariamente la dignidad sacerdotal; dos familias entre cuyos miembros se elegía al hierofante, es decir, «el que muestra lo que es sagrado», el sumo sacerdote que presidía las iniciaciones y al que correspondía una sacerdotisa de Deméter. La parte del culto reservada solo a los iniciados, o sea, a aquellos a los que se les permitía entrar a formar parte de los ostentadores del secreto del poder, estaba rigurosamente vedada a los no iniciados, so pena de muerte.

Han existido muchos misterios y cultos mistéricos, desde los de origen griego (misterios eleusinos, órficos, dionisiacos, de Samotracia) hasta los de origen oriental (culto de Atis y Cibeles, de Isis y Osiris, de Adonis y Mitra). Común a todos, con diversas variantes, es la jerarquía que rige la iniciación (por ejemplo, los siete grados de la iniciación en los misterios de Mitra). Común a todos es la jerarquía de quien administra el secreto, su custodia y su revelación, y de quien asciende progresivamente a tal conocimiento, como en muchos cultos gnósticos. Siempre está prohibido cruzar los límites de los infiernos, profanar la divina Samotracia, los tremendos misterios de los dioses innombrables para los mortales: «No nos está permitido cantar los ritos sagrados.»

En la Edad Moderna, la progresiva secularización y laicización radicalizan esta desigualdad –desigualdad que está en la base de todo culto secreto–, transformándola de división en categorías codificadas (sacerdotes y laicos, por ejemplo) a división –bastante más radical, cruel e insensata– entre hombres superiores e inferiores, entre quien es digno del espíritu y quien es considerado, en cambio, solo materia, entre quien está destinado a priori al mando y a la dirección y quien está destinado a servir.

En el siglo xx, floreció una gran y a menudo desvergonzada cultura que indagó genialmente en el universo del mito y a veces lo emborronó y falsificó, despreciando las ideologías (las liberales y democráticas) en nombre de las inefables verdades de lo oculto, esto es, de las peores ideologías, comprometiéndose en ocasiones con la más burda de ellas, con el fascismo y con el antisemitismo nazistoide. En la magnífica novela de Norman Manea *La guarida*, Mircea Eliade, uno de los mayores representantes de esta cultura de adoración al Minotauro, está presente en un personaje que lo remeda, monstruo sagrado objeto de un culto intolerante con cualquier crítica, de una liturgia bufonesca, sustancialmente cómica como sucede a menudo con la veneración de lo oculto.

Toda cultura que privilegia el secreto asume un tono hierático e iniciático que revela la banal y con frecuencia tosca vulgaridad de tantas posturas. Y así el mito se degrada y pasa de genial relato que muestra una dimensión esencial de lo humano a banal truco de feria, a torpe ídolo. El mito solo revela la verdad cuando se contempla con espíritu ilustrado. En la novela de Manea, la cultura esotérica –que pretende habitar el inefable no-tiempo del mito y está entretejida de exaltado nacionalismo fechado históricamente– es como una medusa varada en la playa, que pierde su iridiscencia y exhala mal olor. El Minotauro que habita el fondo del secreto puede revelarse también como un truco de feria; los amuletos mágicos que aluden a un misterioso secreto para impedir el conocimiento de la realidad, alineados en las estanterías adecuadas del supermercado universal y ofrecidos a buen precio, revelan todo su componente *kitsch*.

No es casualidad que el culto del secreto y su *revival*, o, mejor dicho, el *revival* de los antiguos misterios en tanta cultura irracional y fascista del siglo XX, haya cultivado el antisemitismo, cóctel por excelencia de horror y de *kitsch*, papel tornasol que revela cuán fácil es rebajar los misterios eleusinos a túnel del terror de un parque de atracciones. Tomados al pie de la letra –y el secreto tiene fuerza fascinadora y tiránica solo si se toma al pie de la letra y se adora ciegamente–, los misterios místico-eróticos se convierten en una orgía. Las grandes religiones se distinguen de las bufonadas mistificadoras e irracionales porque su Misterio es claro, visible para todos. «Yo he hablado claramente al mundo –dice Jesús–, no he hablado nunca a escondidas, sino siempre en público, en medio de la gente.»

4

El misterio que vela el secreto profana su verdad, o sea, la simple vida: hay una única verdad en los misterios eleusinos, la espiga de trigo que se contempla al final. Espiga de trigo que no guarda un inefable secreto que debe mantenerse oculto, sino que es el insondable, cautivador, profundo misterio del ser sencillo y cotidiano de la vida de cada día. La mistificación del secreto comienza cuando se quiere imponer a uno mismo y a los demás la confusa idea de algo excepcionalmente misterioso, cuya oscuridad induce a la sumisión. En este sentido, el auténtico espíritu religioso, que posee el significado profundo del misterio –jamás velado, siempre indagado, jamás revelado de una vez por todas, sino simple misterio de la vida, de su florecer y marchitarse, del enamorarse y del envejecer–, se falsifica en algo mistificador. Chesterton decía que si alguien deja a oscuras una habitación es para hacer creer que en esa habitación hay algo inefablemente amenazador e incognoscible, lo que se mantiene mientras permanezcamos fuera de la habitación, contemplando su oscuridad, pero basta con entrar y accionar el interruptor de la luz para darse cuenta de que no hay nada. La recuperación en el siglo XX del culto irracional de los misterios ofende y banaliza el auténtico misterio del vivir, el secreto de nuestro propio corazón, desconocido para nosotros mismos, transformándolo, según el caso, en la habitación inaccesible de quien manda, aun siendo tan solo una intrincada organización de la que dependen nuestro trabajo y nuestro pan, en la logia en la que domina algún jefe misterioso de misteriosas asociaciones secretas, en un ordenador en el que se manipulan y falsifican los datos. Estas complicadas escenificaciones recubren a veces un secreto, pero mucho más a menudo ocultan la inexistencia de este.

5

Existe otra custodia del secreto mucho más interesante que no afecta a la organización y a la perpetuación del poder, sino a la vida individual. Al contrario que cualquier cultura *misteriosófica,* esta defensa es, o al menos puede ser, una humanísima protección de la propia libertad. En una bella página, Édouard Glissant reivindica el derecho a la opacidad, a no ser traspasado de lado a lado, en lo más profundo de su ser y de su sentir, por los rayos X de algún conocimiento global, ni siquiera por parte de la persona amada que comparte su existencia, reconociendo a su vez el deber de respetar del mismo modo al otro. En este caso no se trata de una supersticiosa y sumisa adoración o cobertura del secreto, sino de una humanísima defensa de la propia libertad, de un espacio propio en el que estar libres de todo y de todos, incluso de la persona amada, incluso de uno mismo.

Uno de los grandes escritores que ha afrontado la ambigüedad del secreto, su revelación y su custodia es Javier Marías. Como les sucede a los verdaderos escritores, también él descubrió a posteriori, por así decirlo, después de haberlo escrito, uno de los elementos esenciales de su escritura; vale para todos sus libros lo que dijo a propósito de *Corazón tan blanco:* «He logrado averiguar (pero solo tras terminarla) que trataba del secreto y de su posible conveniencia, de la persuasión y la instigación, del matrimonio, de la responsabilidad de estar enterado, de la imposibilidad de saber y de la imposibilidad de ignorar, de la sospecha, del hablar y el callar.» El protagonista de esta novela dice desde el principio: «No he querido saber, pero he sabido», y el saberlo es más una desgracia que una liberación.

No solo para los servicios secretos, siempre y necesariamente desviados, sino para cualquiera, incluso en la vida cotidiana, el conocimiento es poder; para el común de los mortales, perder la ignorancia y el olvido (o sea, la inocencia) significa encontrarse indefenso; no poder ignorar lo que ha sucedido, con todas las laberínticas implicaciones que esto conlleva, también significa perder la tranquila naturalidad de existir. O, como dice Marías: «Contar deforma, contar los hechos deforma los hechos y los tergiversa y casi los niega, todo lo que se cuenta pasa a ser irreal y aproximativo aunque sea verídico, la verdad no depende de que las cosas fueran o sucedieran, sino de que permanezcan ocultas y se desconozcan y no se cuenten; en cuanto se relatan o se manifiestan o se muestran, aunque sea en lo que más real parece, en la televisión o el periódico, en lo que se llama la realidad o la vida o la vida real incluso, pasan a formar parte de la analogía y el símbolo y ya no son hechos, sino que se convierten en reconocimiento. La verdad nunca resplandece, como dice la fórmula, porque la única verdad es la que no se conoce ni se transmite, la que no se traduce a palabras ni a imágenes, la encubierta y no averiguada, y quizá por eso se cuenta tanto o se cuenta todo, para que nunca haya ocurrido nada, una vez que se cuenta.»

Desvelar el secreto, sacarlo a la luz, también significa siempre deformarlo por el solo hecho de introducirlo en un contexto diverso, así como en el principio de incertidumbre de Heisenberg observar un fenómeno significa ya modificarlo, por lo que se llega a conocer no el pretendido (¿inexistente?) fenómeno en sí, sino el fenómeno conocido y observado.

La escritura supone siempre excavar en busca de algo que se revela –cuando y si se revela– solo durante esta búsqueda y que, puesto que se trata de algo no conocido, es un secreto. En eso consiste la verdad de la escritura, pero también su potencial devastador, porque obliga a saber. El escritor es un espía, de sí mismo o de otros, y tras su delación la existencia ya no vuelve a ser la misma. Se es responsable de lo que se escucha y se relata, porque los hechos –continúa Marías– existen solo si alguien los recuerda y los narra. Esto altera la existencia, ya que las consecuencias de cualquier gesto son incalculables: «Lo único seguro», se dice en la novela *Mañana en la batalla piensa en mí,* «sería no decir y no hacer nunca nada.» Ni escuchar. Escuchar es verdaderamente peligroso, significa saber, significa estar informado y estar al corriente, las orejas carecen de párpados que puedan cerrarse por instinto ante lo que se pronuncia, no pueden protegerse de lo que se presume que existe para ser escuchado, «siempre es demasiado tarde» *(Corazón tan blanco).*

Los hijos, se dice en la misma novela, no saben nada de los padres y eso protege a ambas partes. «El mundo», dice en la novela Ranz a su hijo, «está lleno de sorpresas, también de secretos. Creemos que vamos conociendo a quienes están cerca, pero el tiempo trae consigo mucho más ignorado de lo que trae sabido, cada vez se conoce menos comparativamente, cada vez hay más zona de sombra. Aunque también haya más iluminada, siempre son más las sombras.»

La verdad es peligrosa, como apuntaba el gran escritor barroco Gracián, al que la verdad le parecía una sangría para el corazón. Callar la verdad, el secreto, puede ser también generoso, si las personas que guardan secretos durante mucho tiempo no lo hacen solo para protegerse a sí mismas, sino para proteger a los otros, para conservar amistades o amores, para hacer sus vidas más tolerables o para aliviarles de la angustia. Más sencillamente –dice Marías–, «puede que simplemente no quieran incorporar al mundo la relación de un hecho que ojalá no hubiera ocurrido. No contarlo es borrarlo un poco, olvidarlo un poco, negarlo, no

contar su historia puede ser un pequeño favor que hacen al mundo».

Tal vez la defensa más hermosa del
secreto la ha escrito un gran autor barroco italiano, Torquato Accetto, en su
obra maestra *La disimulación honesta*.
Si fingir comunica lo falso, disimular
puede ser un modo no de falsificar la
verdad, sino de respetar su pudor. No
abre cajones que podrían explotar de
forma destructiva sino que deja que su
potencial explosivo se desactive poco a
poco, sin conducir al desastre precipi-
tadamente. En especial, las relaciones
de dos –y las de la convivencia amoro-
sa por excelencia– necesitan tal vez, en
los momentos de incomprensión y de
desencuentro, una dosis no excesiva
de disimulo más que los hirientes de-
sahogos a los que nos ha acostumbrado
mucha literatura sobre los conflictos
conyugales, en los que la verdad anida-
da en el corazón –o, mejor dicho, ese

rencoroso alejamiento que se cree defi-
nitivo y que en ocasiones, en cambio,
es solo provisional– se distorsiona y se
falsea en la declaración del resenti-
miento, quizá inconsistente pero, una
vez esgrimido, ya irreparable.

Hay también una complicidad amo-
rosa en compartir un secreto, complicidad que se desvanece con su revelación.
Pero, sobre todo, revelar un secreto se-
pultado durante años, introducirlo en
un contexto nuevo, significa alterar no
solo ese contexto sino también el propio secreto; entre los motivos que invi-
tan a guardar el secreto hay también
una especie de prescripción moral, por
así decirlo; por ejemplo, la preocupación de arruinar, con la aparición de
un hecho vil sucedido mucho tiempo
antes, la vida de un hombre que, como
suele decirse con una retórica a menudo insoportable, desde entonces ha
cambiado y se ha convertido en otro.

No estoy seguro de que estas motivaciones sean válidas; si Mengele estuviera todavía vivo, no vacilaría en enviarlo a una prisión dura, a la celda de aislamiento perpetuo por los crímenes horribles cometidos por él hace setenta años.

6

Existe un caso en el que la custodia del secreto se ha revelado particularmente eficaz. Hablo del secreto de confesión, el secreto que el confesor mantiene sobre los pecados que le han sido confesados. Evidentemente se trata de un valor considerado fundamental en la Iglesia católica, inculcado con tanta fuerza en las conciencias que se ha constituido como una de las normas más respetadas. Ha habido sacerdotes que han violado diversos mandamientos, pero poquísimos sacerdotes han revelado el secreto de confesión. Se trata, pues, de un principio considerado fundamental e inculcado con particular intensidad. Y, más allá del secreto de confesión, esto puede indicar el significado que tiene la custodia del secreto.

En el *Nuevo diccionario de teología moral,* edición de Francesco Compagnoni, Giannino Piana y Salvatore Privitera, aparece en el término «secreto», redactado por Luciano Padovese, la preocupación cada vez más viva de tutelar el secreto no como misterio inefable sino como defensa de la dignidad de la persona y de su intimidad, de su verdad interior. Se subraya particularmente cómo el sofisticado crecimiento tecnológico de los medios de comunicación permite violaciones de la elemental vida privada cada vez más inquietantes, en una espiral de comunicación global que se convierte en expropiación de la persona, voyerismo disfrazado de ciencia, de investigación social, de denuncia política, de chismorreo pseudocultural.

Cada vez es más difícil conciliar la defensa de la persona con las crecientes intromisiones abusivas y la exposición a la luz pública de toda intimidad, similar a la picota de otros tiempos, con la lucha por desenmascarar los secretos, es decir, los engaños y los crímenes que envenenan más y más la sociedad, el Estado, la vida de la comunidad. Hay una intimidad que debería ser inviolable, más aún en la época del nudismo psicológico y del registro universal de masas. Recuerdo que en una ocasión, durante un coloquio con presos condenados a largas penas por los graves delitos cometidos, me dijo uno de ellos que también él escribía, pero que había una gran diferencia entre nosotros dos porque yo escribía para publicar, para dar a conocer lo que escribo, mis pensamientos y sentimientos, mientras que él –y otros como él– escribía para tener, en aquella prisión en la que se controlaba hasta el último detalle de su vida, algo suyo y solo suyo que nadie pudiera inspeccionar.

La revelación de todos los secretos, es cierto, puede parecer una profanación, como escribe Singer en un memorable fragmento: «Existen secretos que el corazón no puede revelar a los labios y terminan en la tumba. Los sauces los murmuran, los cuervos los graznan, las lápidas hablan de ellos silenciosamente, en el lenguaje de la piedra. Los muertos resurgirán un día, pero sus secretos permanecerán con el Omnipotente y Su Juicio hasta el final de todas las generaciones» *(Taibele y su demonio)*.

Pero quizá sea conveniente no tomarse demasiado en serio el secreto, como en las *maldobrie* –viejas historias populares y dialectales triestinas rememoradas y recreadas por Lino Carpinteri y Mariano Faraguna– en las que Bortolo, el viejo pescadero que ha navegado por todos los mares y ha visto de todo, cuenta que una vez, en los tiempos de la Austria de los Habsburgo, le encargaron que llevase a El Cairo un importante mensaje secreto a un espía. Bortolo contaba a menudo cómo fue a El Cairo, al café que le habían indicado para el encuentro misterioso con el desconocido espía, cómo encontró en aquel café un billete que le ordenaba dirigirse a otro café en Alejandría, donde otro billete lo envió de nuevo a El Cairo, hasta que, conocido al fin el nombre y la dirección del espía, fue a verlo y llamó a su puerta en el primer piso. Cuando apareció el inquilino en la puerta, Bortolo le hizo un gesto de complicidad; el otro lo miró con aire de no entender nada hasta que de repente se le hizo la luz y le dijo: «¡Ah, sí! Usted busca a Bogdanovich, el espía austriaco. Pero yo soy Bogdanovich, el piloto; el espía –tenemos el mismo nombre pero no somos ni siquiera parientes– vive en el cuarto piso.»

Bibliografía

ACCETTO, Torquato, *Della dissimulazio-ne onesta. Rime,* BUR, Milán, 2012 [trad. esp.: *La disimulación hones-ta,* El cuenco de plata, Buenos Aires, 2005; traducción de Sebastián Torres].

CARPINTERI, L., y FARAGUNA, M., *Le mal-dobrie,* MGS Press, Trieste, 1994.

COMPAGNONI, F., PIANA, G., y PRIVITERA, S. (eds.), *Nuovo dizionario di teologia morale,* Edizioni San Paolo, Cinisello Balsamo (MI), 2011 [trad. esp.: *Nuevo diccionario de teología moral,* adaptada por Marciano Vidal, Ediciones Paulinas, 1992; traducción de E. Requena y José Alegre Aragüés].

MANEA, Norman, *Il rifugio magico,* tr. M. Cugno, Il Saggiatore, Milán, 2011 [trad. esp.: *La guarida,* Tusquets, Barcelona, 2012; traducción de Rafael Pisot y Cristina Sava].

MARÍAS, Javier, *Un cuore così bianco,* traducción de P. Tomasinelli, Einaudi, Turín, 2005 [*Corazón tan blanco,* Alfaguara, Madrid, 2011].

— *Domani nella battaglia pensa a me,* traducción de G. Felici, Einaudi, Turín, 2005 [*Mañana en la batalla piensa en mí,* Alfaguara, Madrid, 2011].

SINGER, Isaac B., *L'ultimo demone e altri racconti,* traducción de B. Oddera, Garzanti, Milán, 2010 [trad. esp.: *Cuentos completos,* RBA, Barcelona, 2011; traducción de Rhoda Henelde y Jacob Abecasis].

Títulos de la colección